使徒的書簡

わたしはせつに願っていた

教皇フランシスコ

FRANCISCI
SUMMI PONTIFICIS

LITTERAE APOSTOLICAE
DESIDERIO DESIDERAVI

カトリック中央協議会

目　次

教皇フランシスコ　使徒的書簡　わたしはせつに願っていた

神の民の典礼的養成について
司教、司祭、助祭、男女奉献生活者、そしてすべての信徒の皆さんへ

わたしはせつに願っていた

「苦しみを受ける前に、あなたがたとともにこの過越の食事をしたいと、わたしはせつに願っていた」（ルカ22・15）。

1　親愛なる兄弟姉妹の皆さん、自発教令「トラディツィオニス・クストデス」公布の際には司教の皆さんのみにあてて書きましたが、この書簡においては、わたしはすべてのかたについて語りたいと望んでいます。そして、教会生活にとって根本的な次元の一つである典礼について、いくつかの考察を皆さんと分かち合いたいのです。このテーマはとても大きな広がりをもっているので、その側面の一つ一つについて注意深く考えるだけの価値がつねにあります。ですが、わたしはこの書簡において、典礼の問題について網羅的に扱うつもりはありません。キリスト教の祭儀の美と真理とを観想することにおいて助けになるような、考察のためのいくつかの助言、あるいは手掛かりをただ提供したいだけなのです。

典礼――救いの歴史における「今日」

2　「苦しみを受ける前に、あなたがたとともにこの過越の食事をしたいと、わたしはせつに願っていた」（ルカ22・15）。最後の晩餐《ばんさん》の話の初めに置かれているイエスのこのことばは、聖三位のペルソナの愛の深さを直観するという、驚くべき可能性をわたしたちに与える細い入り口です。

3　あの過越の食事を準備するために、ペトロとヨハネが遣わされました。しかし実際には、すべての創造のわざ、すべての歴史――それはついに自らを救いの歴史として現そうとしていました――が、あの晩餐のための途方もない準備だったのです。ペトロと他の使徒たちはそのことに気づかないままに食卓に着いていましたが、彼らの存在はどうしても必要だったのです。なぜなら、どのような贈り物も、それを受け取る相手がいなくては贈り物にならないからです。この場合、贈り物の巨大さとそれを受け取る人の小ささとの間には、非常に大きな不均衡があります。そしてわたしたちは、その不均衡に驚嘆せずにはいられません。にもかかわらず、主のいつくしみによって、この贈り物は使徒たちにゆだねられたのです。それは、贈り物がすべての人に届くようになるためです。

4　あの晩餐の席を自力で得た人はいません。皆、招待されたのです。あるいは、次のように言い表すのがよりふさわしいかもしれません。皆と一緒にあの過越の食事をしなければならないという、イエスの燃える思いによってそこに引き込まれた、と。イエスは、自分があの過越の食事の小羊であり、自らが過越そのものであることをご存じです。これこそがあの晩餐の絶対的な新しさ、絶対的な独創性であり、歴史上唯一の真に新しいものです。これこそ、あの晩餐は比類のないものであり、繰り返すことのできない「最後の晩餐」なのです。だからそれにもかかわらず、初めからイエスの目的であり続けてきた、わたしたちとの交わりを回復するという果てしない望みは、すべての人、「あらゆる種族とことばの違う民、あらゆる民族と国民」（黙示録5・9）が、イエスのからだを食べ、血を飲むまでは、実現することがないのです。それゆえ、イエスが再び来られるときまで、この最後の晩餐は、感謝の祭儀の中で現在化され続けます。

5　この世界はまだそのことを知りません。しかし、だれもが「小羊の婚宴に招かれている」（黙示録19・9）のです。この婚宴への参加を認められるために要求されるのは、神のことばを聞くことによって始まる信仰（ローマ10・17参照）を礼服として着ることです。教会はそのような礼服を、一人ひとりの丈《たけ》に合うように、そして「小羊の血で洗って」（黙示録7・14）白くされた衣のような白さで仕立て上げます。ある人々はいまだにこの晩餐への招待状を受け取っておらず、他の人々は招待されていること自体を忘れており、さらに人間の生活の紆余曲折《うよきょくせつ》のために晩餐に向かう途中で道に迷ってしまう人々もいることを、わたしたちは知っています。ですから、わたしたちには一刻の猶予もありません。これこそ、「わたしは、すべてを造り替えるような宣教という選択肢にあこがれています。それは自己防衛ではなく、習慣も、様式も、時間も、言語も、そして教会のあらゆる組織的構造も、現代の福音化にふさわしい手段となるものです」（使徒的勧告『福音の喜び』27）とわたしが申し上げた際にお伝えしたかったことです。わたしがこれを望んでいるのは、すべての人が神の小羊のいけにえの晩餐の席に着くことができ、このかたによって生きることができるようになるためです。

6　わたしたちがこの招待に応じる前から、それもかなり前から、キリストはわたしたちをご自分のもとに集めたいと強く望んでおられます。わたしたちはそのことに気づいてさえいませんが、ミサに参加するときはいつも、キリストの強い望みによって引き寄せられるというのが参加の第一の理由なのです。わたしたちにとって可能な応答は、同時にもっとも厳しい修行でもあるのですが、いつもキリストの愛に自らを明け渡し、キリストによって引き寄せられるがままにすることです。実際、キリストの御からだと御血をつねに受けることは、キリストが最後の晩餐において強く望んでおられたことなのです。

7　裂かれたパンが示しているのは、イエスの十字架であり、その十字架は、御父への愛からくるイエスの従順のいけにえなのです。もしわたしたちが最後の晩餐を経験していなかったならば、つまり、イエスの死の儀式的な先取りの経験がなかったなら、どうなっていたでしょうか。イエスが宣告されたとおり死刑に処されてしまったことが、どうして本当に御父を喜ばせる完全な礼拝行為であり、唯一まことの礼拝行為であり、唯一まことの典礼であるのかを理解することはできなかったでしょう。もし使徒たちが最後の晩餐の意味の重みをかみ締めることができていたなら、そのわずか数時間後に起こったイエスの十字架のうちに、「渡されるからだ」「流される血」ということばでイエスが伝えようとしたことを理解できたはずです。これは、わたしたちが感謝の祭儀のたびに思い起こしていることです。死者のうちから復活された主が、エマオの弟子たちのため、そして人々ではなく魚を取る漁師に戻った弟子たちのためにパンを裂いたとき、そのパンを裂くという動作は彼らの目を開きました。この動作は十字架への恐怖によってもたらされた盲目から弟子たちをいやすとともに、彼らが復活した主に「出会い」、復活を信じることを可能にしたのです。

8　もしわたしたちが聖霊降臨の後のエルサレムにどうにかたどり着き、ナザレのイエスについての情報を望むだけでなく、やはりイエスに会いたいと願ったとしましょう。その場合、わたしたちにできるのは、これまでにないほど生き生きとイエスのことばと動作を見聞きするために、イエスの弟子たちを探し出すことだけです。主の晩餐を祝う共同体以外に、イエスと真に出会うことのできる可能性はありません。だからこそ教会は、「これをわたしの記念として行いなさい」という主の命令を、もっとも価値ある宝としていつの時代も守り続けてきたのです。

9　教会はそのいちばん初めのときから、主の晩餐の再現――たとえそれがどれほど聖なるものであったとしても――が問題なのではないことに気づいていました。それは意味のないことであり、とりわけ主の母マリアの目の前で、主の生涯における最高の瞬間を「上演する」など、だれにも思いもよらないことでした。聖霊によって照らされた教会は最初期から、イエスのうちに見ることができるもの、目で見て手で触ることができるもの、イエスのことばや動作、そして受肉したみことばの実体など、イエスのすべてが諸秘跡の祭儀の中に引き継がれていることを理解していたのです(1)。

典礼――キリストとの出会いの場

10　ここに典礼の力強い美しさのすべてがあります。わたしたちにとって、復活が単なる概念、観念、考えなのだとしたら、また、復活された主が他の人々による回想――たとえそれが使徒たちのような権威ある人々のものであったとしても——を通して思い起こされるだけの存在だったとしたら、そして典礼が主と真に出会う可能性をわたしたちにも与えてくれるものでなかったのなら、典礼は、受肉したみことばにもはや新鮮さがないと宣言する場となってしまうでしょう。そうではなく、受肉は歴史の中でただ一つ、つねに新しい出来事であるだけでなく、三位一体の神がわたしたちに交わりへの道を開くために選んだ手段そのものなのです。キリスト者の信仰とは、生きたキリストご自身との出会い以外の何ものでもありません。

11　典礼は、このような出会いの可能性をわたしたちに保証します。最後の晩餐をぼんやりと思い出すことは役に立たないでしょう。わたしたちに必要なのは、キリストの声を聞き、キリストのからだを食べ、血を飲むことができるように、この晩餐に出席することです。つまり、わたしたちはキリストご自身を必要としているのです。聖体において、またすべての秘跡において、わたしたちが主イエスに出会うことと、主の過越の神秘の力がわたしたちに及ぶということが、保証されているのです。イエスのいけにえがもたらす救いの力、イエスのことば、そのあらゆる動作やまなざし、そして思いは、秘跡の祭儀を通してわたしたちに及ぶのです。わたしはニコデモであり、井戸にやって来たサマリアの女であり、カファルナウムの悪魔に取りつかれた男であり、ペトロの家に入れられた中風《ちゅうぶ》の人であり、ゆるされた罪深い女であり、出血の止まらなかった女であり、ヤイロの娘であり、エリコの盲人であり、ザアカイであり、ラザロであり、ゆるされた盗賊とペトロでもあります。もはや死ぬことがない主イエスは、受難のしるしを身に帯びて永遠に生きておられ、(2)諸秘跡の力をもってわたしたちをゆるし、いやし、救い続けてくださるのです。これこそ、受肉を通してイエスがわたしたちを愛してくださる具体的な手段であり、十字架上で宣言されたように、わたしたちへのご自分の渇きをいやす手段なのです（ヨハネ19・28）。

12　イエスの過越のわざにわたしたちが初めて出会うのは、すべての信者のいのちに刻まれている出来事、つまり洗礼においてです。洗礼とは、イエスの考えに知的に同意したり、イエスによって課せられた行為の規範を支持したりすることではありません。むしろ、イエスの受難、死、復活、そして昇天の出来事のうちに沈められること、イエスの過越のわざのうちに沈められることなのです。洗礼は魔法でもありません。魔法は、神を超える力をもっているように見せかけているがゆえに、秘跡の論理の反対に位置しています。そういうわけで、魔法は悪魔からくるものなのです。受肉との完全な連続性の中で、聖霊の臨在と働きによって、キリストのうちに死んで復活する可能性を洗礼はわたしたちに与えてくれるのです。

13　どのようにしてこのことが起こるのか、それはわたしたちを感動させます。洗礼のための水を祝福する祈りは[3]、神が洗礼のことをはっきりと心に留めながら水を創造なさったことをわたしたちに示しています。これが意味しているのは、神が水を創造されたときに、わたしたち一人ひとりの洗礼を思っておられたということです。この同じ思いは、水を救いのわざに用いようという明確な意図とともに、救いの歴史においていつも神のうちにあったのです。それはまるで、最初に水を創造した後に、最終的に洗礼のための水とすることによって、神が水を完成させたいと望んでおられたかのようです。このように、神は水の面《おもて》を動く聖霊（創世記1・2）の働きで水を満たしたいと望まれたのです。神はかつて、洪水を通して人類を生まれ変わらせるために水を用いられました（創世記6・1―9、29）。また、神は水を操り、水を分けることによって紅海を通る自由への道を開かれたのです（出エジプト14章参照）。さらに、聖霊に浸されたみことばの肉体をその中に沈めることで、神はヨルダン川の水を聖別しました（マタイ3・13―17、マルコ1・9―11、ルカ3・21―22参照）。終わりに、神は水を御子の血に混ぜられました。それは、わたしたちのためにほふられた小羊のいのちと死の贈り物が、聖霊の贈り物と分かち難く結ばれていることを示しています。そして、神は御子の刺された脇腹から出る水を、わたしたちの上に注がれるのです（ヨハネ19・34）。わたしたちが沈められたのはまさにこの水であり、それはこの水の力によって、わたしたちがキリストのからだに組み入れられ、キリストとともに朽ちることのないいのちに復活するためでした（ローマ6・1―11参照）。

教会――キリストのからだの秘跡

14　第二バチカン公会議は、聖書と教父および典礼――真正な伝統の三つの柱[4]――を引用しながら、「十字架の上に眠るキリストの脇腹から、「このうえない秘跡である全教会」が生まれた」ことをわたしたちに思い起こさせます（『典礼憲章』5参照）。最初のアダムと新しいアダムの間の並行関係はとても印象的です。最初のアダムを深い眠りに落とされた後に、神が彼の脇腹からエバを引き出したように、十字架上での死の眠りに落ちた新しいアダムの脇腹からは、新しいエバである教会が生まれたのです。新しいアダムが教会に目を注ぎながら、それを自分のものとしていると思わせる、次のことばにわたしたちは驚かされます。「ついに、これこそ／わたしの骨の骨／わたしの肉の肉」（創世記2・23）。わたしたちはみことばを信じて洗礼の水の中へと降りて行ったので、キリストの骨の骨、肉の肉となったのです。

15　キリストのからだに組み入れられることなしに、神への礼拝を完全に実践する可能性はありません。実は、完全であり御父に喜ばれるただ一つの礼拝行為があります。すなわち、十字架上の死によって示された御子の従順です。「御子において神の子どもたち」になることによってしか、わたしたちはキリストの奉献に参加する可能性を手にすることはできないのです。これこそが、わたしたちの受け取った贈り物です。典礼において働く主体はいつも、キリストの神秘体である教会だけなのです。

典礼の神学的意義

16　わたしたちは、第二バチカン公会議とそれに先立つ典礼運動のおかげで、典礼の神学的な理解と、教会のいのちにおける典礼の重要性を再発見しました。『典礼憲章』において典礼の一般的な諸原理が明確に説明され、それらは典礼改革の基礎となってきたのです。また、それらの諸原理は今日に至るまで、「信者が真のキリスト教精神のよりどころとする第一の、欠かすことのできない源泉である」（『典礼憲章』14）典礼を、十全で、意識的で、行動的で、そして実り豊かな祭儀とするよう促進するための基礎となっています（同11、14参照）。この書簡によってわたしは、キリスト教の祭儀の真理と力を再発見し、保護し、実践することへと全教会を招きたいと心から望んでいます。浅薄で矮小化《わいしょうか》された典礼の理解によって、あるいはさらに悪いことに、どのようなものであれ、何らかのイデオロギー的な構想のために都合よく利用されることによって、キリスト教の祭儀の美しさと、教会生活のためになくてはならない典礼の意義が、損なわれてしまわないようにとわたしは願っているのです。すべての人が一つになるようにという、最後の晩餐におけるイエスの祭司的祈り（ヨハネ17・21）は、裂かれたパン、つまり、いつくしみの秘跡であり、一致のしるしであり、愛のきずなであるものを取り囲みながらの、わたしたちの分裂の一つ一つを裁いているのです。(5)

典礼——霊的な世俗性の解毒剤

17　わたしは別のさまざまな機会に、教会生活にとっての危険な誘惑に対する警告をしてきました。その誘惑とは、わたしが「霊的な世俗性」と呼んでいるものです。グノーシス主義や新ペラギウス主義が、霊的な世俗性を増大させる二つの関連し合う主張であることを指摘しながら、使徒的勧告『福音の喜び』の中で（93―97）、この問題について詳細に論じました。グノーシス主義はキリスト教信仰を、「自らの理性と感情の内在に閉ざされたまま」（使徒的勧告『福音の喜び』94）の主観主義へと縮めてしまいます。また、グノーシス主義は恵みの役割を無効にし、「自己陶酔的で権威的なエリート主義を生じさせます。それによって、福音をのべ伝える代わりに他者を分析し格づけし、恵みに導くことにではなく、人を管理することに力を費やします」（同94）。

これらのゆがめられたキリスト教の形態は、教会生活に悲惨な結果をもたらすおそれがあります。

18　典礼がその性質上、これらの毒に対するもっとも効果的な解毒剤であるのは、わたしがこの書簡で想起してきたことからはっきりしています。明らかに、わたしは典礼についてその神学的な意義の中で語っており、ピオ十二世がすでに否定しているように、典礼を、飾り立てた儀式、あるいは祭儀を律する法と規範の単なる総体であるとは考えていません(6)。

19　もしグノーシス主義が主観主義という毒でわたしたちを中毒にするなら、典礼祭儀は、自分自身の理性や感情によって助長された、自己の内にとらわれるという状態から、わたしたちを解放します。祭儀という行為は個人にではなく、キリストの教会に属し、またキリストのうちに一つとなった信者全体に属しています。典礼においては、「わたし」ではなく「わたしたち」と唱えますし、この「わたしたち」という広がりを狭めようとするものは何であれ悪魔的です。神の神秘についての個人的かつ想像上の知識を追い求めるわたしたちを、典礼はそのままにしてはおきません。むしろ典礼は、みことばと秘跡的なしるしが示す神秘の深みへと、わたしたちの手を取って、ともに、会衆として導くのです。そして、典礼はこれを、神のわざのすべてと一致して、受肉という方法に従って行います。つまり、時間と空間の中にある事物へと及ぶ、身体という象徴的《シンボリック》な言語を使って行うのです。

20　もし新ペラギウス主義が、自分自身の努力で救いを獲得するという想定によってわたしたちを中毒にするなら、典礼祭儀は、信仰のうちに受け取られる救いの贈り物を宣言することによってわたしたちを清めます。聖体のいけにえへの参加は、わたしたちが自分の力で達成したことではありませんから、それを神と兄弟姉妹の前で誇ることはできません。どの祭儀も、その始まりにおいて、自分の罪を告白し、聖母マリア、すべての天使と聖人、そして兄弟姉妹の皆さんが自分のために神なる主に祈ってくれることを心から願うように求めます。つまり、自分が何者であるかを思い起こさせてくれるのです。確かに、わたしたちは神の家に入るのにふさわしい者ではありません。わたしたちが救われるためには、神からのことばが必要なのです（マタイ8・8参照）。わたしたちの主イエス・キリストの十字架のほかに、わたしたちは誇れるものをもっていないのです（ガラテヤ6・14参照）。典礼は、禁欲的な道徳主義とはまったく無関係です。それは、主の過越の神秘によってもたらされる贈り物であり、従順によって受け取られ、わたしたちの生活を新しくします。主の晩餐が行われる場所に入るには、わたしたちとともに過越の食事をしたいという、イエスご自身の強い望みによって引き寄せていただくしかありません。「苦しみを受ける前に、あなたがたとともにこの過越の食事をしたいと、わたしはせつに願っていた」（ルカ22・15）。

キリスト教の祭儀の真の美しさを日々再発見する

21　しかし、わたしたちは注意しなければなりません。つまり、解毒剤としての典礼が効果的であるためには、キリスト教典礼の祭儀の真の美しさを、わたしたちが日々、再発見していく必要があるのです。わたしは典礼の神学的な意義に今一度触れることにします。それは、『典礼憲章』7においてとても美しいかたちで述べられています。要するに、典礼はキリストの祭司職であり、その祭司職はキリストの過越の神秘においてわたしたちに示され与えられたものです。そして、この神秘は感覚的なしるし（水、油、パン、ぶどう酒、動作、ことば）によって現存し働いているのです。ですから、聖霊はわたしたちを過越の神秘に組み込み、わたしたちの生活のあらゆる次元を変容させ、わたしたちをますますキリストと一致させるのです。

22　典礼の美しさを再発見し続けるというのは、儀式を外面的に注意深く執り行うことだけによって、あるいは、典礼注記を几帳面《きちょうめん》に守ることによって満足しようとする、儀式的な美の原理の追求ではありません。もっとも、ここでいっていることは、これとは正反対の態度、すなわち、簡素さをずさんな凡庸さと混同したり、本質的なものを無知ゆえに表面的になっていることと混同したり、儀式行為の具体性を誇張された実践的機能主義と混同したりするような態度を認めようとすることでも決してありません。

23　ここではっきりさせておきましょう。祭儀のあらゆる要素（空間、時、動作、ことば、祭具、祭服、歌、音楽など）に対して、わたしたちは注意を払い、心を配らなければなりません。また、どの典礼注記も遵守されなければならないのです。このような意識によって、典礼に参加している人々にもたらされるべきものが奪い取られてしまうのを防げることでしょう。この「もたらされるべきもの」が何かといえば、教会の定めた儀式によって祝われる過越の神秘です。しかし、たとえ祭儀の質と適切な行為とが保証されていたとしても、それだけでは典礼への十全な参加のために十分とはいえないでしょう。

過越の神秘を前にしての驚き――典礼行為の本質的部分

24　秘跡的なしるしの具体性の中に過越の神秘が現在化されているという事実への驚きが欠けているなら、あらゆる祭儀に流れ込む恵みの海へと至ることができなくなる危険を、わたしたちは本当に冒してしまうでしょう。祭儀をよりよいものにしようとする努力だけでは、たとえそれが称賛に値するものであったとしても十分ではないのです。また、それはより深い内面性を求めるだけでも不十分です。内面性は、キリスト教の神秘の啓示を受けなければ、空虚な主観性に陥ってしまう危険性があるのです。神との出会いは、個人の内面で神を探求することの実りではなく、神から与えられる出来事なのです。わたしたちは、受肉という新しい現実を通して神と出会うことができます。受肉の現実は、最後の晩餐において、わたしたちによって食べられてしまいたいとイエスが強く望まれたことによって、その頂点に達しました。わたしたちをこの美しい贈り物の魅力から遠ざけてしまうという不幸は、どのようにして起こるのでしょうか。

25　過越の神秘への驚きについてわたしが話すとき、「神秘の感覚」というあいまいな言い方によってときどき表現されていると思えるものを指し示そうとはまったく思っていません。「神秘の感覚」は、典礼改革に対する主たる非難であると推定されているものの中に、ときおり含まれます。「神秘の感覚が祭儀から取り除かれてしまった」ということがいわれているのです。わたしが「驚き」、あるいは「驚嘆」と呼んでいるものは、はっきりしない現実や神秘的な儀式の前で圧倒されてしまうようなことではありません。それどころか、神の救いの計画がイエスの過越のわざのうちに啓示され（エフェソ1・3―14参照）、この過越のわざの力が秘跡の「諸神秘」の祭儀を通して、わたしたちに与えられ続けるという事実への驚嘆なのです。啓示の充満が、有限な存在であるわたしたち人間を超越する豊かさをもっており、世の終わりに主が再臨されるときに、啓示されたことが完成を見るというのは、変わることなく真実です。しかし、もしこの驚きが正しいものであるなら、受肉において意図されている親密さのうちにあっても、神が他者として存在していることが認識されなくなるおそれはありません。もし典礼改革があいまいな「神秘の感覚」を除去したのならば、そのことは非難の根拠ではなく、むしろ典礼改革を称賛する根拠となります。真理と同様に、美はいつも驚嘆を生み出します。そして、それが神の神秘によるものであるならば、礼拝へと至るのです。

26　驚嘆は典礼の行為の本質的な部分です。なぜなら驚嘆は、象徴的《シンボリック》な動作の奥にある特別な何かに自分たちが参与していることを知っている人々の、物の見方だからです。それは、象徴《シンボル》の力を体験した人々の驚きでもあります。象徴《シンボル》の力は、ある抽象的な概念を指し示すことにあるのではありません。むしろ、象徴《シンボル》が意味しているものを、まさにその具体性の中に包含し、表現することにあるのです。

熱心で生き生きとした典礼的養成の必要性

27　ですから根本的な問いかけはこれです。「わたしたちはどうすれば、典礼行為を十全なものとして実践する能力を取り戻すことができるのでしょうか」。これこそが、第二バチカン公会議の典礼改革の目標でした。この挑戦は非常に困難なものです。なぜなら、現代の人々は——すべての文化において同じ程度であるというわけではないにしろ——典礼行為の本質的な特性である象徴的《シンボリック》な行為に参与するための能力を失ってしまったからです。

28　ポストモダンの状況において、人々は自分自身をさらに見失ったように感じています。そして、寄るべのない中で、価値観を失ってしまっているのです。なぜなら彼らは、無関心になり、すっかり孤児となり、意味の地平を見いだすことが不可能と思えるほどの分断状態を生きているからです。そしてこの状態には、（ペラギウス主義とグノーシス主義の問題を再び引き起こす）個人主義と主観主義によって成り立っている前時代の重荷となる遺産が、さらにのしかかっています。現代はまた、人間の本性そのものに反する抽象的な精神主義の影響下にあります。人間は肉体を備えた精神であるがゆえに、象徴的《シンボリック》な行為と理解が可能なはずですから、抽象的な精神主義とは本来相いれない存在なのです。

29　第二バチカン公会議によって結束した教会が接触しようとしたのは、このような現代世界の現実なのです。そして公会議において教会は、自らがキリストの秘跡、諸民族の光（Lumen gentium『教会憲章』）であるという認識を再確認し、「神のことば」（Dei Verbum『啓示憲章』）に敬虔に耳を傾ける務めを自らにゆだね、同時代の人々の喜びと希望（Gaudium et spes『現代世界憲章』）が教会のものでもあることを認めたのです。公会議の四つの重要な憲章は、互いに切り離すことができないものです。公会議――これは教会における協働性《シノダリティ》の最高の表現形態であり、その豊かさの管理者として、わたしは皆さん全員とともに、神から召されているわけですが――によってなされた考察へのひたむきな努力が、典礼についての熟考で始まった（『典礼憲章』）ことは決して偶然ではありません。

30　第二バチカン公会議の第二会期を締めくくるにあたって（一九六三年十二月四日）、聖パウロ六世教皇は次のようにご自分の思いを表されました。「このように困難で絡み合った議論が、決して豊かな実りをもたらさなかったわけではありません。実際、すべてに先だって扱われた議題で、その本性の点でも、教会内で重視されているその尊厳の点でも、ある点で何よりも卓越したもの、すなわち、それをわたしたちは聖なる典礼と呼んでいますが、この議題については、幸いなことに結論に達し、今日、わたしは荘厳にそれを公布します。そういうわけで、わたしの魂は心から喜んでいます。実際この仕事において、典礼上のことがらと務めの正当な秩序が保たれたことに注意してください。なぜなら、わたしたちは以下のことを宣言したからです。神に最高の場所が割り当てられるべきであるということ。わたしたちに第一の務めとしてゆだねられているのは、神に祈りをささげることだということ。聖なる典礼が、あの神聖な取り引きの第一の源泉であり、その取り引きによって、神の生そのものがわたしたちに分け与えられるということ。典礼が、わたしたちの魂の第一の学校であるということ。典礼は、信仰と祈りの熱心さでわたしたちと結ばれているキリストの民に、わたしたちから与えられるべき第一の贈り物であるということ。最後に、典礼は人類への第一の招きであり、人類相互の言語の壁は、幸いにも真実の祈りにおいては解消するということへの招きであって、魂をいわば再創造する、あの言い表しえない力が感じられるものだということです。この力は、イエス・キリストを通して、聖霊において、わたしたちが歌う神への賛美と人間の希望のうちにあります(7)」。

31　この使徒的書簡において、わたしはこれらのことばの中にあるさまざまな表現の豊かさをゆっくり味わうことはできませんが、皆さんがご自身でその豊かさを黙想することをお勧めします。もし典礼が、「教会の活動が目指す頂点であり、同時に教会のあらゆる力が流れ出る源泉である」(『典礼憲章』10)なら、わたしたちは、典礼に関する論点の中で何が本当に問題なのかを理解することができます。祭儀をめぐって、残念ながら今実際に存在している緊張関係を、ある特定の儀式の形態に関する好みの違いからくる単純な相違と捉えるのは浅薄な理解だと思います。教会論に関することが、ここではまず問題となっているのです。公会議の有効性を認めるといいながら——カトリック信者の中にあえて認めない人がいることに驚くばかりですが——『典礼憲章』から生まれた典礼改革を受け入れないということがどうしてできるのか、わたしには分かりません。『典礼憲章』は、典礼の現実が、『教会憲章』にみごとに描かれている教会の姿と密接に結びついていることを示す文書です。このため、司教の皆さん全員にあてた手紙の中で書いたように、次のように断言することがわたしの義務であると感じたのです。「聖パウロ六世と聖ヨハネ・パウロ二世により、第二バチカン公会議の決定に従って公布された典礼書は、ローマ典礼様式の祈りの法（lex orandi）の唯一の表現である」（自発教令「トラディツィオニス・クストデス」第1条）。

典礼改革を受け入れないことは、典礼改革への浅薄な理解と同じで、わたしが繰り返している問いかけへの答えを見つけ出すという義務から、わたしたちの心をそらしてしまいます。それは、「わたしたちはどうすれば、典礼行為を十全に果たすための能力を養うことができるのか」という問いかけです。どのようにして、わたしたちは目前の祭儀の中で実際起こっていることに、驚嘆し続けることができるのでしょうか。それには、真剣かつダイナミックな典礼的養成が必要です。

32　エルサレムの高間に戻りましょう。聖霊降臨の日の朝に教会が誕生し、新しい人類の最初の細胞となりました。ゆるされたことによって和解の恵みを受け、主が生きておられるがゆえに生きており、真理の霊の現存によって真実である人々の共同体だけが、霊的な個人主義の狭い空間を、開かれたものにすることができるのです。

33　聖霊降臨によって生まれた共同体こそが、主は生きており、死者の中から復活し、そのことばと動作によって、そして御からだと御血の奉献によって現存しているという確信のもとにパンを裂くことができます。聖霊降臨のときから、祭儀は主と出会う特別な場――唯一の場ではありませんが――になりました。この出会いの恵みによってのみ、人間は真の人間性を備えた存在になるのだと、わたしたちは知っています。そして、聖霊降臨によって誕生した教会だけが人間を、神とあらゆる被造物、そしてすべての兄弟姉妹との、全きかかわりに開かれた人格として考えることができるのです。

34　このことの中に、典礼的養成に関する決定的な問いかけがあります。ロマーノ・グァルディーニは次のように述べています。「ここには、最初の実践的な仕事が示されています。つまり、わたしたちの時代におけるこの内的な変容によって励まされながら、わたしたちは全き人間として宗教的にどのようにかかわっていくかを新たに学ばなければなりません[8]」。典礼が可能にしてくれるのはこれです。このために、わたしたちは養成されなければならないのです。グァルディーニは、典礼的養成がなければ「儀式や文言の改革は大して役に立たない[9]」と言い切っています。わたしはここで、典礼的養成というたいへん豊かなテーマについて余すところなく取り扱うつもりはありません。わたしが望んでいるのは、考察のためのいくつかの出発点を提供することだけです。わたしが思うに、典礼的養成は二つの側面に分けられます。典礼のための養成と、典礼による養成です。後者は本質的なものであり、前者は後者に依存しているのです。

35　これまでも、そして今も必要なのは、典礼を学ぶという養成のための手段を見つけることです。この点に関しては、典礼運動の初めから、学者たちや学術機関による貴重な貢献によって数多くのことがなされてきました。それにもかかわらず、今重要なのは、学問的な環境を超えて、近づきやすい方法で、この知識を広げていくということです。そうすることによって、信者の一人ひとりが典礼の神学的意味についての知識をはぐくんでいくことができるからです。これは決定的な課題であり、あらゆる種類の典礼理解やすべての典礼実践の基礎となるものです。そしてそれは、典礼式文、儀式の躍動感、そして、それらの人間学的な意義を理解する能力を得るために一人ひとりを助けることを通して、祭儀それ自体に基礎を与えるものでもあります。

36　人生のあらゆる年代にあって、日曜日ごと、復活祭ごとに、一人ひとりと共同体の歩みにおける大切なときに、わたしたちが主日のミサを祝うために集まるという規則正しいリズムを、わたしは思い起こしています。叙階された奉仕者たちが、その手で、洗礼を受けた信者たちを過越の神秘を繰り返し体験することへと導くとき、この奉仕者たちはもっとも大切な司牧活動を実行しているのです。ミサを祝う主体は司祭だけではなく、キリストのからだである教会共同体全体であることをいつも忘れずにいましょう。学びから得られる知識は、祝われている神秘に入ることができるようになるための第一歩にすぎません。当然、会衆の中で司式をする奉仕者たちは、兄弟姉妹を導くことができるよう、どのように司式すべきかを知らなければなりません。それを知るためには、書物の上での神学研究の学びだけでなく、祈りによって養われた生きた信仰体験の実践をもって、典礼をつねに祝う必要があります。これは、単に果たすべき義務として行うということではありません。司祭叙階の日に、新司祭は皆、司教が次のように語るのを聞きます。「あなたがこれから執り行うことをよくわきまえ、それに倣い、主の十字架の神秘にかなう生活を送りなさい[10]」。

37　神学校での典礼の学習計画においても、実際の祭儀自体に、あらゆる神学的知識に関する有機的で統一された観点を提供する、はかりしれない可能性のあることが考慮されなければなりません。神学のどの分野も、それぞれの視点から、そして司祭養成の一貫性が明確にされ実現されるように考慮しながら、典礼がその分野と密接なつながりをもっていることを示していかなければならないのです（『典礼憲章』16参照）。神学校の神学的養成における、典礼生活と信仰体験に基づく学習計画は、確かに司牧的な行動によい影響を与えることでしょう。教会生活のあらゆる面は、その源泉と頂点を典礼のうちに見いだします。包括的かつ有機的で、統合された司牧実践は、よく練られたカリキュラムの成果である以上に、交わりの基礎である主日のミサを共同体の生活の中心とした結果なのです。これらのことばが、あらゆるものを礼拝という側面に還元してしまうという意味で理解されることを、典礼の神学的理解は決して認めてはいません。福音化とはならない祭儀は、本来あるべきその姿から離れてしまっているのです。それはちょうど、祭儀における復活された主との出会いへと導かない福音の告知が、本物であるとはいえないことと同じです。これらはどちらも、神の愛のあかしがなければ、「騒がしいどら、やかましいシンバル」(一コリント13・1)のようなものです。

38　叙階された奉仕者、そして洗礼を受けたすべてのキリスト者にとって、これまで述べてきた第一の意味における典礼的養成は、一気呵成《いっきかせい》に行うことができるようなものではありません。典礼において祝われる神秘の贈り物は、それを知るためのわたしたちの能力を超えているため、この取り組みにはすべての人の恒久的な養成が不可欠です。そしてそこには、自分の小ささを知る者の謙虚さが伴っていなければなりません。このような謙虚さが、神秘の贈り物に対する驚嘆をもたらすのです。

39　神学校について、最後にもう一つ述べておきます。神学校は、学習カリキュラムに加えて、儀式の観点から模範的であるだけでなく、神との真の交わりを生きることをもたらす本物の生き生きとした祭儀を体験する可能性をも提供しなければなりません。これは、神学的な知識が目指すべきものと同じ交わりです。そして、聖霊の働きだけが、神の神秘について の知識を完成させることができます。なぜなら神の神秘というのは、頭で理解できるたぐいのものではなく、生活全体に触れるかかわりを意味しているからです。このような体験は、神学生が叙階された奉仕者となったときに土台となるものです。これによって彼らは、愛の神秘でもある神の神秘を知るという同じ旅路を歩む共同体に同伴できるようになるのです。

40　この最後の考察は、「典礼的養成」という表現についてわたしたちが理解している第二の意味の考察へと導きます。ここでわたしが述べているのは、典礼祭儀への参加によって、わたしたちはそれぞれの召命に応じて養成されるということについてです。わたしがつい先ほど述べた、典礼の学びからくる知識さえも、典礼そのものによるすべてのキリスト者の養成の実現に奉仕しなければなりません。典礼の学びは、単に理性的であるだけでは不十分なのです。

41　これまで典礼の本質について述べてきたすべてから、次のことが明らかになります。わたしたちの人生にとっての決定的な問題であるキリストの神秘についての知識は、ある思想を知的に理解することで得られるのではなく、キリストの人格との実存的なかかわりによってもたらされるのです。この意味において、典礼は「知識」ではないですし、大きな教育的価値を含んでいるものの（『典礼憲章』33参照）、教育的な次元にとどまるものでもありません。むしろ、典礼は賛美であり、わたしたちの生活に及ぶ力をもっておられる御子の過越に対する感謝を示すものなのです。祭儀は、キリストがわたしたちのうちに形づくられるまで働く聖霊のわざに従順である（ガラテヤ4・19参照）という、わたしたちの現実にかかわっています。わたしたちがキリストと一致することが、わたしたちの養成の完成なのです。繰り返しますが、これは必ずしも抽象的で知的なプロセスとは関係がなく、キリストになるということと関係があります。このためにこそ聖霊は与えられているのです。キリストのからだを作り上げることのみが、いつも聖霊の働きの目的です。この聖霊の働きは、聖体のパンにおいても同じです。また、洗礼においてキリストのからだの一部になるという贈り物が与えられますが、ますますキリストのからだの一部となっていくように呼ばれているすべての受洗者に、聖霊は働きかけているのです。教皇聖大レオは次のように書いています。「主の御からだと御血の拝領の結果、われわれは受け取るものの中へ移る」[11]。

42　この実存的なかかわりは、受肉という方法と連続性と一貫性をもって、秘跡的に起こります。典礼は、霊的なことについての抽象概念とは正反対の物をもって行われるのです。それはたとえば、パン、ぶどう酒、油、水、香、火、灰、岩石、織物、色、身体、ことば、音、沈黙、動作、空間、動き、行為、順序、時間、光などです。あらゆる被造物は神の愛の現れであり、その同じ愛がイエスの十字架において充満したかたちで示されたときから、造られたすべてのものはその愛に向かって引き寄せられました。みことばとの出会いに奉仕するという役割のために想定されるのが、すべての被造物なのです。そして、このみことばは、受肉し、十字架につけられ、死に、復活し、御父のもとへと昇りました。それは、洗礼盤の水を祝福する祈りにあるとおりであり、また、聖香油となる油を聖別する祈りやパンとぶどう酒――大地の恵みと労働の実りのすべて――を供える祈りにあるとおりです。

43　典礼が神に栄光を帰するのは、わたしたちが、神がその中に住まわれる近寄りがたい光（一テモテ6・16参照）の美しさに、何かを加えることができるからではありません。また、天の隅々にまで響き渡る天使の歌の完全さに、わたしたちが何かを加えることができるからでもありません。典礼が神に栄光を帰するのは、典礼によってわたしたちが、この地上において、諸神秘の祭儀の中で神に出会うことができるからであり、その出会いによって、主の過越からいのちを得ることができるからです。わたしたちは、自分の罪によって死に、キリストによって再び生かされるようになりました。わたしたちは神の栄光です。わたしたちが「救われたのは恵みによるのです」(エフェソ2・5)。「一致の博士」と呼ばれる聖イレネオは、次のことをわたしたちに思い起こさせます。「神の栄光は生きている人間であり、人間のいのちとは神を見ることだからである。事実、創造によって神を示すことが、地上の生き物すべてにいのちを与えたとすれば、みことばを通してなされた父の啓示はそれにもまして、神を見る人々にとっていのちを与えるもののはずである[12]」。

44 グァルディーニは次のように書いています。「典礼的養成の務めにおける最初の課題の概要がここに示されています。つまり、人間がもう一度、象徴《シンボル》を理解できるようにならなければならないということです[13]」。これはすべての人に課されている責任であり、叙階された奉仕者も信徒も等しくこの責任を担っています。この課題は簡単ではありません。なぜなら、現代人は無学になってしまい、象徴《シンボル》を読み取ることがもはやできないからです。まるで、象徴《シンボル》が存在することさえも疑うかのようです。この問題は、わたしたちの身体という象徴《シンボル》についても起こっています。わたしたちの身体は、魂と肉体の親密な一体性のゆえに象徴《シンボル》なのです。それは、霊的な魂が身体的な秩序において目に見える形で現れているということです。そして、人間の無比であること、つまり人格という他のどんな生物にも帰すことのできない特殊性はこの点にあります。超越性へと、神へと開かれていることは、わたしたちにとって本質的なことなのです。このことを悟らないと、わたしたちは神を知ることがないばかりか、わたしたち自身のことも知らないという状態に必ず陥ります。身体が取り扱われる矛盾した方法に目を向ければ十分です。あるときには、永遠の若さという神話に駆り立てられて、ほとんど強迫的ともいえる方法で大事にされるのに、別のときには、あらゆる尊厳が否定された物質性へと貶《おとし》められてしまいます。身体そのものだけをもって、身体に価値を与えることはできないというのが事実なのです。すべての象徴《シンボル》は強いのですが、同時に弱くもあります。もし象徴《シンボル》が大切にされず、象徴《シンボル》として扱われなければ、それは打ち砕かれ、力を失い、意味のないものになってしまいます。

わたしたちはもはや、聖フランシスコのまなざしをもっていません。聖フランシスコは、彼がそう感じたままに「兄弟」と呼んだ太陽に目を向け、太陽が「美しく、大きな輝きをもって光り輝」いているのを見ました。そして、驚嘆をもって、太陽が「あなたのお姿を帯びています、いと高きかたよ」と歌ったのです。(14) 身体とすべての被造物の象徴的《シンボリック》な価値を理解する能力を失ったことによって、典礼の象徴的《シンボリック》な言語は、現代のメンタリティにとって遠く離れたものとなってしまいました。それでも、このような言語を放棄するということはありえません。なぜ放棄できないかといえば、それは聖なる三位一体がみことばの肉体を通してわたしたちに達するために選んだ方法だからです。むしろ、典礼のさまざまな象徴《シンボル》を使い、理解するための能力を回復することが問題なのです。わたしたちは希望を失ってはなりません。なぜなら、すでに述べたように、わたしたちの中にあるこの次元は本質的なものだからです。物質主義や精神主義――このどちらも魂と肉体の一体性を否定するものですが――の弊害にもかかわらず、その次元は、すべての真理と同様に、いつでも再出現できるように準備されています。

45 そういうわけで、わたしが問いかけたいのは、どのようにしてわたしたちがもう一度象徴《シンボル》を理解できるようになるかということなのです。どうしたらわたしたちは象徴《シンボル》を読み解き、それらを生きられるようになるための方法を再び知ることができるのでしょうか。わたしたちは、諸秘跡の祭儀が、神の恵みによって、それ自体で（ex opere operato= なされたわざによって）有効であることをよく知っています。しかしこのことは、祭儀の言語へのかかわりの中に自分たちを置くための適切な方法がないかぎり、人々の十全な参加を保証しません。象徴的《シンボリック》に「読み解く」ということは、観念的な知識ではなく、概念を習得することでもなく、むしろ生きた経験なのです。

46　何にもまして、わたしたちは創造に対する信頼を取り戻さなければなりません。わたしが申し上げたいのは、物――秘跡は物によって「なされる」のですが――は神から来るということです。それらは神のほうへと向けられており、また、神によって用いられ、そして受肉において特別なしかたで用いられたのです。それは、物が救いの道具、聖霊を運ぶ手段、恵みの道筋になることができるためでした。ここにおいて、この視点と物質主義的または精神主義的な視点との間の距離がどれほど大きいかは明らかです。被造物がこのように、わたしたちの救いをもたらす秘跡的行為の根源的で本質的な部分であるなら、わたしたちは、新鮮で、表面的でない、敬意と感謝の心をもって、被造物の前で自分自身を整えなければなりません。被造物は最初から、秘跡の聖化する恵みの種を含んでいるのです。

47　典礼がどのようにわたしたちを養成するかについてさらに考えてみると、もう一つの決定的な問題は、典礼的な象徴《シンボル》を使い、理解するための内的態度を身に着けるのに必要な教育です。分かりやすく表現してみましょう。わたしは、親や祖父母はもちろんのこと、司牧者やカテキスタのことも念頭に置いています。わたしたちの多くは、これらの人々から、十字のしるし、ひざまずくこと、信条など、典礼の動作がもっている力について習います。おそらく、わたしたちはそのように習ったことを実際には覚えていません。しかし、大きな手が子どもの小さな手を取って、ゆっくりとその手を導きながら、救いのしるしを初めて身体になぞるという動作を、簡単に想像することができます。ことばがこの動作に伴います。そのことばもまた、まるで一つ一つの動作と身体全体を捉えるかのようにゆっくりと唱えられます。「父と……子と……聖霊のみ名によって……アーメン」。そして、子どもの手は放され、すぐ近くにいて、必要であればいつでも助けてくれる人に見守られて、今度は自分独りでそれを繰り返します。ところが、その動作は今や、その子とともに成長していく習慣として伝えられ、聖霊だけが知る方法で、それに意味が与えられます。このときから、その動作と、その象徴的《シンボリック》な力は、わたしたちのものとなるのです。あるいは、わたしたちがその動作とその力に属するようになる、といったほうがよいかもしれません。それはわたしたちを形づくります。わたしたちは、それによって養成されるのです。ここでは、多くのことばや説明は必要ではありません。その動作についてのすべてが理解される必要はないのです。必要なのは、伝えるときも、受け取るときも、小さくあることです。そのあとには、聖霊が働かれます。このようにして、わたしたちは象徴的《シンボリック》な言語を授けられるのです。このような豊かさを奪われてしまうわけにはいきません。成長するにつれて、わたしたちには理解できるための方法が増えますが、つねに小さい者であり続けるという条件が必要になります。

祭儀の法

48　典礼の象徴《シンボル》を大切にし、重要な理解を深めるための道の一つは、間違いなく「祭儀の法(ars celebrandi)」、つまりふさわしい祭儀の方法です。この表現もまた、さまざまな解釈の対象となります。すでに何度か参照してきた『典礼憲章』7に書かれている、典礼の神学的な意味に注意を向けるのであれば、その意味ははっきりすることでしょう。「祭儀の法」を単なる典礼注記による作用に還元することはできませんし、ましてやルールのない独創的な

――時には野放しの――創造性であると考えるべきではありません。儀式はそれ自体が規範であり、規範はそれ自体を目的としているのではないのです。しかし規範はつねに、自らが守ろうとしている、より高次の現実に奉仕しています。

49　他の技法と同様に、「祭儀の法」にはさまざまな種類の知識が必要です。何よりも、典礼を通して明らかになるダイナミズムへの理解が必要になります。祭儀の行為は、記念を通して、過越の神秘が現在化される場です。洗礼を受けた人々が、祭儀に参加することを通して、自分の生活の中でこの神秘を体験できるようになるための場なのです。この理解がないと、祭儀は、（程度の差はあれ洗練された）外的なものへの執着か、（多かれ少なかれ硬直した）典礼注記のみへの関心へと、容易に陥ってしまいます。

そして聖霊が、あらゆる祭儀において、どのように働いているかを知ることが必要です。祭儀の技法は、聖霊の働きと調和していなければなりません。このようにしてのみ、個人的な好みに支配された結果である主観主義から、祭儀の技法は自由になれるのです。このようにしてのみ、識別なしに採用され、インカルチュレーションの正しい理解とは何の関係もない文化的要素から、祭儀の技法は自由になれるのです。

つまるところ、象徴的《シンボリック》な言語の働きと特別な本質、そしてその効果を理解することが必要になります。

50　こうした概略からも、祭儀の技法が即席でできるものでないことは明らかです。あらゆる技法と同様に、たゆまぬ努力が必要となります。職人は技術だけあれば十分ですが、芸術家は技術的な知識に加えて、肯定的な所有の形態であるインスピレーションも必要としているのです。真の芸術家は技法を所有するのではなく、むしろ技法によって所有されます。人前で話すことを学ぶためのコース、あるいは説得力のあるコミュニケーション技術のコースに通い詰めても、祭儀の技法は身に着きません（わたしは、これらのことを実行しようとする意図を批判しているのではありません。実行した場合の効果について述べているだけです）。すべての道具は役に立つ可能性をもっていますが、それらは典礼の本質および聖霊の働きに奉仕するものでなければなりません。祭儀自体からその技法を伝えてもらえるよう、祭儀に真摯に取り組むことが必要です。グァルディーニは次のように書いています。「わたしたちは、自分がどれほど深く個人主義と主観主義に凝り固まり、「偉大な」ものが要求していることに対してどれほど不慣れになっており、また自分たちの宗教的生活の限界がどれほど小さいかを理解しなければなりません。わたしたちはまた、祈りの「偉大な」スタイルへの感覚と、祈りにおける実存的なものへの意欲を取り戻さなければならないのです。しかし、これを達成するためには、規律と、弱い感傷を捨てることが必要になります。そして、教会への従順によって果たされる、わたしたちの宗教的なあり方と働きについての真剣な取り組みが必要です(15)」。このようにして、わたしたちは祭儀の技法を身に着けるのです。

51　このテーマについてわたしたちは、司式の務めを果たす叙階された奉仕者についてのみ考えてしまいがちです。しかし実際、これは洗礼を受けたすべてのキリスト者が生きるべき態度のことなのです。わたしは、会衆にかかわるすべての動作とことばを思い起こしています。たとえば、集まり、行列の中で丁寧に歩き、席に着き、立ち上がり、ひざまずき、歌い、沈黙し、声を上げ、注視し、耳を傾けるといったことです。会衆が、「一人の人のように」（ネヘミヤ8・1）祭儀に参加する方法はたくさんあります。皆が一緒に同じ動作をし、声を合わせて唱える——こうすることによって、全会衆のエネルギーが各個人に伝わっていきます。一致こそは、信者一人ひとりを萎縮させないばかりか、むしろその人格が本来もっている独自性を発見するように教育するものなのです。そしてその教育は、個人主義的な態度のうちにではなく、一つのからだであるという意識のうちに行われます。典礼の作法についての本に従うことが問題なのではありません。むしろそれは、グァルディーニが言及したような「規律」であり、遵守されれば、真にわたしたちを養成するものです。これらは、わたしたちの内面の世界に秩序をもたらし、ある一定の思い、態度、そして行動をわたしたちが生きるようにさせる動作とことばなのです。それらは、わたしたちが自らを駆り立てるために探し求めている理想の説明ではありません。むしろ、身体を全体として、つまり肉体と魂を統一体として関与させる行為なのです。

52　会衆全体に属する儀式行為の中で、沈黙は絶対的な重要性をもっています。多くの場合、沈黙は典礼注記の中にはっきりと定められています。感謝の祭儀全体は、それに先立つ沈黙と、展開する儀式のあらゆる瞬間を特徴づける沈黙に浸されているのです。実際、回心の祈りの中に、「祈りましょう」という招きの後に、ことばの典礼の中に（朗読の前、各朗読の間、そして説教の後に）、奉献文の中に、そして聖体拝領の後に、沈黙が存在しています。[16] こうした沈黙は、まるで気をそらせるものであるかのように儀式を二の次にして、ある種の孤独の中に身を隠すための内なる避難所ではありません。そのようなたぐいの沈黙は、祭儀の本質と矛盾することでしょう。典礼的な沈黙は、それよりもはるかに重要なものです。つまり、典礼的な沈黙とは、祭儀の行為全体にいのちを吹き込む聖霊の現存と働きの象徴《シンボル》なのです。このため、沈黙は典礼の一連の流れの中で節目を構成します。まさに聖霊の象徴《シンボル》であるからこそ、典礼的な沈黙は、聖霊の多面的な働きを表現する力をもっているのです。このように、わたしが先ほど述べた各瞬間を繰り返しながら、沈黙は悔い改めと回心への強い望みに向かっていきます。沈黙はみことばを聞く心構えを呼び覚まし、祈りを目覚めさせます。そして、沈黙はわたしたちを、キリストの御からだと御血への礼拝へと向かわせます。親しい交わりの中で、裂かれた聖体のパンとわたしたちを一つにするために、聖霊がわたしたちの生活に何をもたらすかを、沈黙は暗示しているのです。これらすべての理由から、わたしたちは細心の注意を払って沈黙という象徴《シンボリック》的な動作をするように呼ばれているのです。沈黙を通して、聖霊はわたしたちを磨き、形づくります。

53　すべての動作とすべてのことばには、わたしたち自身の生活の中でつねに新しい瞬間に出会うため、つねに新しくふさわしい行為が含まれています。どういうことか、簡単な例で説明しましょう。わたしたちがひざまずくのは、ゆるしを請い、プライドを捨て、涙を神にゆだね、神の介入を懇願し、受けた贈り物に感謝するためです。神の前ではわたしたち自身の存在が小さいということを本質的に宣言するのは、いつもその同じ動作です。しかしながら、人生のさまざまな瞬間に行われることで、わたしたちの内面が形成され、その後、神や兄弟姉妹との関係の中で外面に現れてくるのです。また、ひざまずくことも、技法を用いて行われるべきです。つまり、その象徴的《シンボリック》な意味と、主の前にいるわたしたちのあり方を表現するためにこの動作が必要であることを十分に認識したうえで行うのです。そして、もしこの簡単な動作に今述べたことのすべてが当てはまるなら、ことばの祭儀にはいったいどれほど当てはまることでしょうか。ああ、みことばを宣言し、それを聞き、それが祈りを生み出し、それがわたしたちの生活そのものとなるために、わたしたちはどのような技法を身に着けるように求められていることでしょうか。これらすべては、最大限の注意を払うに値するものであり、形式的あるいは単なる外面的なものではなく、生きた内面的なものです。そのため、「技法」をもって表現される祭儀のあらゆる動作とことばは、各個人と共同体のキリスト教的人格を形成するのです。

54　もし、祭儀を行う会衆全体に「祭儀の法」が要求されるのが真実であるとすれば、叙階された奉仕者は「祭儀の法」に特別な関心をもたなければならないことも同様に事実です。キリスト者の共同体を訪問して気がついたのは、その共同体が典礼祭儀をどのように生きるのかは、良くも悪くも、司牧者が会衆の中でどのように司式をするかに左右されるということです。司式にはさまざまな「モデル」があるといえます。以下に、考えられるアプローチのリストを示します。これらのアプローチは、互いに相反するものではありますが、確実に不適切な司式の方法を特徴づけています。――硬直した厳格さやいらだちを生むような創造性、精神主義的な神秘主義や実用的な機能主義、慌ただしい活発さや過度に強調された遅さ、ずさんな不注意や行き過ぎた細かさ、過剰な親しみやすさや司祭の無表情などです。これらの例は広範囲に及んでいますが、その司式モデルの不適切さには共通の根源があると思います。それは、祭儀のスタイルにおける人格主義の高まりです。この高まった人格主義は、ときおり、注目の的になろうとするという、隠しきれない執着を表します。このことは、わたしたちの祭儀がテレビやラジオの放送やオンラインで伝えられる場合において、より明白になります。それらが、必ずしも適切であるわけではなく、さらなる検討が必要です。わたしのいおうとしていることをしっかりと理解してください。これらはもっとも広く行われていることではありませんが、それでも、このように濫用されることで会衆が苦しむことはまれではありません。

55　司式するということの重要性、そして司式に求められている配慮については、もっと多くのことを語らなければならないでしょう。わたしは別の機会に、説教をするという重大な義務について言及しました。[17] ここでは、わたしたちが典礼によってどのように養成されるかについて、つねに皆さんと一緒に考えたいと思いながら、他のいくつかの一般的な考察をするにとどめます。わたしは、わたしたちの共同体における通常の主日のミサについて考えています。したがって、わたしは司祭に、しかし暗にすべての叙階された奉仕者に向けて話しています。

56　司祭は、叙階の秘跡で受けたたまもののおかげで、固有のしかたで祭儀に参加しており、これはまさに司式をすることで表現されます。彼が実行するように求められているすべての役割と同様に、これは主として共同体から割り当てられた義務であるというよりも、むしろ、叙階のときに受けた、彼をそのような務めのために準備させる聖霊の注ぎの結果なのです。司祭はまた、祝っている会衆の中で司式することを通して養成されます。

57　この奉仕がふさわしく行われるためには――まさに、技法を用いてです――、神のいつくしみによって、自分が復活した主の特別な現存であるという強い自覚を司祭がもつことが根本的に重要です。叙階された奉仕者は、彼自身が、キリスト者の会衆を他のどの会衆とも異なるユニークなものにしている、主の現存の様式の一つです（『典礼憲章』7参照）。この事実は、司式者のすべての動作やことばに（広い意味での）「秘跡的な」重みを与えます。今日、最後の晩餐のときのように、わたしたちと一緒に過越の食事をしたいという主の強い望みを、司式者の動作やことばの中に感じる権利を会衆はもっているのです。それゆえ、主役は復活した主なのであって、明らかにふさわしくない役割や行動を引き受けているわたしたち自身の未熟さではないのです。主が一人ひとりに対してもっておられる、この交わりへの強い望みに、司祭自身が圧倒されるはずです。それはまるで、イエスの燃えるような愛の心と、主の愛の対象である信者一人ひとりの心との間に置かれたかのようなのです。ミサを司式することとは、神の愛の炉の中に投げ込まれることです。この現実を理解する、あるいはそこにある何かを直観することができたなら、わたしたちはもはや、適切な行動を課す「典礼法規集」を必要としなくなるに違いありません。もしわたしたちがそれを必要とするようであれば、それは「わたしたちのかたくななな心」のためです。最高の規範、したがってもっとも要求の多い規範は、感謝の祭儀を祝うという現実そのものであり、それは、ことば、動作、思いを選択します。このことば、動作、思いは、その使用が、それらが奉仕する現実のレベルに達しているかどうかをわたしたちに理解させます。これが即興でできるものでないことは明らかです。それは技法なのです。そのためには、司祭の側が、地上に火を投じるために来た主の愛の火（ルカ12・49）に、熱心に仕える必要があるのです。

58　キリスト者の最初の共同体が主の命令に従ってパンを裂いたとき、教会の最初の歩みに同伴したマリアのまなざしの下でそれを行いました。「彼らは皆、婦人たちやイエスの母マリア……と心を合わせて熱心に祈っていた」（使徒言行録1・14）。聖母は、使徒に託された御子の動作を「見守る」のです。天使ガブリエルのことばを受けた後、胎内で人となったみことばを保護したように、御子のからだを形づくるそれらの動作を、教会の胎内で再び保護するのです。叙階の秘跡で受けたたまもののおかげで、それらの動作を繰り返す司祭は、自らも聖母の胎内で守られているのです。ここに、わたしたちがどのように行動すべきかのルールを示す必要が本当にあるでしょうか。

59　教会を造ったおとめマリア（聖フランシスコがそのように歌っています）の胎内で保護され、地上に主の愛の火を点火する道具となった司祭は、聖霊が自分たちの上に働き、叙階の際に彼らの中に始まった仕事を完成させるようにすべきなのです。聖霊の働きは、罪人であることを自覚したペトロの恐れ（ルカ5・1―11）、苦しみを受ける主のしもべの強い謙遜（イザヤ42章以下参照）、そして日々の奉仕の務めを果たす中で自分にゆだねられた人々に「食べられたい」という強い望みとともに、ミサを祝うために集まった会衆の中で司式という務めを果たす可能性を司祭に提供します。

60　このようなレベルと質をもって司式ができるように司祭を教育するのは、祭儀そのものなのです。繰り返しますが、たとえわたしたちのすべての精神と感性がそれに従事しなければならないとしても、それは精神的なことだけに執着することではありません。つまり司祭は、典礼が彼の唇や手にゆだねていることばや動作によって養成されるのです。主は仕える者の謙遜さをもって治められるので、司祭は高座には座らないのです。[18] 司祭は、祭壇の中心性から注意をそらすことはありません。祭壇は「キリストのしるしであり、その刺し貫かれた脇腹から血と水が流れ、それによって教会の諸秘跡が生まれ、わたしたちの賛美と感謝の中心となっている[19]」からです。

司祭は奉献のために祭壇に近づき、謙遜と痛悔のうちに唱える、「神よ、心から悔い改めるわたしたちが受け入れられ、きょう、み前に供えるいけにえも、み心にかなうものとなりますように[20]」ということばで教育されるのです。司祭が「神よ、わたしの汚《けが》れを洗い、罪から清めてください[21]」と唱えるとき、典礼は、水のしるしを通して清められるために祈るよう司祭を招いているので、司祭は自分に託された奉仕の務めのために自分自身に頼ることはできないのです。

典礼が司祭の唇に置くことばは、固有の調子が求められる、さまざまな内容をもっています。このようなことばの重要性から、司祭には真の「語りの法（ars dicendi）」が求められているのです。これらのことばは、あるときは会衆の名による御父への嘆願の中で、あるときは会衆に向けられた勧めのことばの中で、あるときは会衆全体と声を合わせた応唱の中で、司祭の内なる感情を形づくるのです。

奉献文（エウカリスティアの祈り）――洗礼を受けたすべての人が、「尊敬と沈黙をもって」耳を傾け、応唱によって参加します[22]――において司式者は、「聖なる民全体の名によって」、最後の晩餐における御子の奉献を御父の前で想い起こし、神からのはかりしれない贈り物が祭壇上に新たに現前する力をもつのです。御子の奉献に、司祭は自分自身を奉献することをもって参加します。司祭は、自らが最後の晩餐に参加することなしに、御父に向かって最後の晩餐を物語ることはできません。「皆、これを取って食べなさい。これはあなたがたのために渡されるわたしのからだである」ということも、自分にゆだねられた人々のために、自分の身体、自分のいのちをささげるというキリストと同じ強い望みを生きることもできないのです。それらこそ、司祭が奉仕の務めを果たす際に起こることなのです。

これらすべてのことから、また他の多くのことから、司祭は祭儀の行為によってたえず養成されていくのです。

＊＊＊

61　この書簡で、聖なる諸神秘の祭儀というはかりしれない宝について語り尽くせていないことは確かですが、わたしはいくつかの考察を率直に分かち合おうとしてきました。わたしは、すべての司教、司祭、助祭、神学校の養成者、神学部や神学校の講師、そしてすべてのカテキスタに、聖なる神の民がキリスト教霊性の第一の源泉であるものからくみ出すことを助けてくださるようお願いします。わたしたちは、『典礼憲章』の最初の数項に示された一般原則の豊かさを再発見し、この第二バチカン公会議最初の憲章と、他のすべての公会議憲章との間の親密な結びつきを理解するようたえず呼ばれているのです。このため、公会議の教父たちが、「ペトロとともに、ペトロのもとに（cum Petro et sub Petro）」（訳注：「教皇臨席のもとに」）、聖霊の導きのもと司牧者としての良心に従って、典礼改革を生んだ諸原則を承認しつつ、改革が必要であると感じたあの儀式の形式（訳注：第二バチカン公会議による典礼改革以前に行われていた典礼の形式）に、わたしたちは戻ることができないのです。教皇聖パウロ六世と聖ヨハネ・パウロ二世は、聖なる第二バチカン公会議の決定をもって（ex decreto Sacrosancti Œcumenici Concilii Vaticani II）改訂された典礼書を承認し、公会議の改革の忠実性を保証しています。このような理由から、わたしは「トラディツィオニス・クストデス」を書きました。教会が、非常に多様な言語で、その一致を表現することのできる一つの同じ祈りを掲げられるようにするためです。(23)

すでに書いたように、わたしは、ローマ典礼の全教会において、この一致を再び確立することを目指しています。

62　わたしはこの書簡が、キリスト教の祭儀がもつ真実の美しさに対する驚きを再び呼び覚まし、本来あるべき典礼的養成の必要性を思い起こさせ、そして、過越の神秘の真理と、洗礼を受けたすべての人がそれぞれの召命に従ってその真理に参加することに奉仕する祭儀の技法の重要性を認識する助けになればと願っています。

このすべての豊かさは、わたしたちの身近にあります。それはわたしたちの教会のうちに、キリスト教の祝祭日のうちに、主日の中心性のうちに、わたしたちが祝う秘跡の力のうちにあるのです。キリスト教生活は途切れることのない成長の旅です。わたしたちは、喜びと交わりのうちに自分自身を形づくるよう招かれています。

63　このため、わたしは皆さんに、わたしたちの道をたどるためのさらなる指標を残しておきたいと強く望んでいるのです。典礼暦年と主日の意味を再発見するよう、皆さんに勧めます。この二つは、公会議がわたしたちに残したものでもあります（『典礼憲章』102―111参照）。

64　以上のことから、わたしたちにとって典礼暦年は、キリストの神秘についての知識を深め、キリストの死と復活の神秘に自分の生活を浸し、キリストの栄光の再臨を待つためのものであることが分かります。これはまさに生涯養成です。わたしたちの人生は、次々と起こる無秩序な出来事の連続ではありません。それはむしろ、イエス・キリストの死と復活を毎年祝うことによって、「わたしたちの希望、救い主イエス・キリストが来られるのを待ち望む」(24)わたしたちを、キリストに一致させる確かな旅路なのです。

65　主の死と復活の神秘によって新たにされた時が流れていく中で、教会は八日ごとに、わたしたちの救いの出来事を主の日に祝います。日曜日は守るべき日である以前に、神がご自分の民のためにお造りになった贈り物です。だからこそ、教会は規則でその贈り物を保護しているのです。日曜日の祭儀は、キリスト者の共同体が聖体によって養成される機会となっています。毎週日曜日、復活した主のことばはわたしたちの存在を照らし、神から遣わされた目的をわたしたちにおいて果たそうとします（イザヤ55・10―11参照）。毎週日曜日、分かち合い、もてなし、奉仕による兄弟的な交わりを通して、キリストの御からだと御血における交わりは、わたしたちの人生が御父に喜ばれるいけにえとなるように願っているのです。毎週日曜日、裂かれたパンの力が、わたしたちの祭儀の真正さを明らかなものとする福音の告知において、わたしたちを支えるのです。
わたしたちは論争をやめて、聖霊が教会に語りかけていることにともに耳を傾けましょう。わたしたちの交わりを守っていきましょう。これからも、典礼の美しさに驚嘆し続けましょう。過越の神秘はわたしたちに与えられました。主が持ち続けておられる、わたしたちと一緒に過越の食事をしたいという強い望みに、わたしたち自身が包まれていましょう。これらすべてのことは、教会の母であるマリアのまなざしのもとにあります。

教皇在位第十年、二〇二二年六月二十九日　聖ペトロと聖パウロ使徒の祭日
ローマ、サン・ジョヴァンニ・イン・ラテラノ大聖堂にて

フランシスコ

全人類は驚愕し、全世界は戦慄し、天は小躍りせよ、祭壇の上、司祭の手の中に生ける神の御子、キリストがおられるときに。おお、何と驚嘆すべき崇高さ、何と驚愕すべ

き威光、おお、何と偉大なる遜《へりくだ》り。おお、何と遜りの偉大さ。全宇宙の主、神であり神の御子である方が、自ら遜って、わたしたちの救いのために、小さなパンの形色のもとに自らを隠されるとは。兄弟たちよ、ご覧なさい、神の遜りを。そのみ前にあなた方の心を注ぎ出しなさい。あなた方も遜りなさい。そうすれば、あなた方はこの方によって高められます。それ故、自分たちのために何一つとして保持していてはなりません。そうすれば、ご自分のすべてをあなた方のために与え尽くされた方が、あなた方をことごとく受け入れてくださいます。

アッシジの聖フランシスコ
「会全体にあてた手紙」26—29
（フランシスコ会日本管区訳・監修、『キリスト教古典叢書　アシジの聖フランシスコ・聖クララ著作集』教文館、二〇二一年、八九頁）

注

（1）聖大レオ「説教74——主の昇天について」（*Sermo LXXIV: De ascensione Domini II, 1*）「わたしたちの救い主の見える側面は、諸秘跡に移りました」（日本カトリック典礼委員会編、『毎日の読書——「教会の祈り」読書第二朗読　第三巻復活節』カトリック中央協議会、一九九一年、九六—九七頁）参照。

（2）「叙唱　復活三（ラテン語規範版）」（*Missale Romanum* [2008], p. 532）「キリストはもはや死ぬことはなく、永遠に生きておられる」。

（3）*Missale Romanum* (2008), p. 367（日本カトリック典礼委員会編、『聖週間の典礼』カトリック中央協議会、二〇二三年［暫定新改訂版］、二六〇—二六一頁）参照。

（4）聖アウグスティヌス『詩編講解』（*Enarrationes in psalmos*. Ps. 138, 2）、復活徹夜祭の第七朗読後の祈願（*Missale Romanum* [2008], p. 359）、「教会のためのミサB」の奉納祈願（*Missale Romanum* [2008], p. 1076）参照。

（5）聖アウグスティヌス『ヨハネ福音書講話』（*In Ioannis Evangelium tractatus* XXVI, 13）参照。

（6）ピオ十二世回勅『メディアトル・デイ（一九四七年十一月二十日）』（*Mediator Dei*: AAS 39 [1947], 532［小柳義夫訳、『メディアトル・デイ（典礼——教会の祭礼について）』あかし書房、一九七〇年、三八頁］）参照。

（7）聖パウロ六世「第二バチカン公会議第二会期閉会の演説」（AAS 56 [1964], 34［浅井太郎訳、『第二バチカン公会議教皇演説集』カトリック中央協議会、二〇二三年、九五頁］）。

（8）R. Guardini, *Liturgische Bildung* (1923) in *Liturgie und liturgische Bildung* (Mainz 1992) p. 43.

(9) R. Guardini, *Der Kultakt und die gegenwärtige Aufgabe der Liturgischen Bildung* (1964) in *Liturgie und liturgische Bildung* (Mainz 1992) p. 14.

(10)「司教、司祭、助祭叙階式」(*De Ordinatione Episcopi, Presbyterorum et Diaconorum* [1990], p. 95)。

(11) 聖大レオ「説教63――主の受難について」(*Sermo LXIII: De Passione Domini III, 7* [熊谷賢二訳、『キリストの神秘――説教全集』創文社、一九六五年、三四六頁])。

(12) 聖イレネオ『異端反駁』(*Adversus haereses IV, 20, 7* [日本カトリック典礼委員会編、『毎日の読書――「教会の祈り」読書第二朗読　第五巻年間2』カトリック中央協議会、一九九一年、二〇六頁)。

(13) R. Guardini, *Liturgische Bildung* (1923) in *Liturgie und liturgische Bildung* (Mainz 1992) p. 36.

(14) アッシジの聖フランシスコ「太陽の賛歌」(*Cantico delle Creature*, Fonti Francescane, 263 [フランシスコ会日本管区訳・監修、『キリスト教古典叢書　アシジの聖フランシスコ・聖クララ著作集』教文館、二〇二一年、五八頁])。

(15) R. Guardini, *Liturgische Bildung* (1923) in *Liturgie und liturgische Bildung* (Mainz 1992) p. 99.

(16)「ローマ・ミサ典礼書の総則」45、51、54―56、66、71、84、88、271参照。

(17) 教皇フランシスコ使徒的勧告『福音の喜び(二〇一三年十一月二十四日)』135―144(*Evangelii gaudium*)参照。

(18)「ローマ・ミサ典礼書の総則」310参照。

(19)「祭壇の奉献の祈り(ラテン語規範版)」(*Ordo dedicationis ecclesiae et altaris* [1977], p. 102)。

(20)「ミサの式次第」26(日本カトリック典礼委員会編、『ミサの式次第』カトリック中央協議会、二〇二二年、一七〇頁)。

（21）同28（『ミサの式次第』一七〇頁）。
（22）「ローマ・ミサ典礼書の総則」78―79参照。
（23）聖パウロ六世使徒憲章『ミッサーレ・ロマーヌム（一九六九年四月三日）』（*Missale Romanum*: AAS 61 [1969], 222）参照。
（24）「ミサの式次第」125（日本カトリック典礼委員会編、『ミサの式次第』カトリック中央協議会、二〇二二年、三四五頁）。

略号

AAS　*Acta Apostolicae Sedis*

聖書の引用は原則として日本聖書協会『聖書　新共同訳』（二〇〇〇年版）を使用しました。ただし、漢字・仮名の表記は本文に合わせています。その他の訳文の引用に関しては出典を示していますが、引用に際し、一部表現や用字を変更した箇所があります。

あとがき

二〇二二年六月二十九日に公布された教皇フランシスコの使徒的書簡 *Desiderio desideravi* の邦訳をお届けいたします。

本書簡は「キリスト教の祭儀の美と真理とを観想することにおいて助けになるような、考察のためのいくつかの助言、あるいは手掛かり」（1）を提供することを企図した典礼的養成に関する考察です。

本書において教皇はまず、「典礼を、十全で、意識的で、行動的で、そして実り豊かな祭儀とするよう促進するための基礎」として、第二バチカン公会議『典礼憲章』の重要性を強調します（16参照）。そのうえで、これまでもたびたび繰り返してきた、「霊的な世俗性」すなわちグノーシス主義や新ペラギウス主義といった「危険な誘惑」への警告を発しています。その訴えは今まで同様に大変力強いものですが、典礼はそうした毒に対する「もっとも効果的な解毒剤」なのだと本書では説かれます（17―20参照）。

そして教皇は、「過越のわざの力が秘跡の「諸神秘」の祭儀を通して、わたしたちに与えられ続けるという事実」に対する「驚嘆」の念をもつことが大切なのだと教えています（25参照）。この、信仰における驚くことの重要性というのも、教皇が講話などでたびたび語っているテーマです。

教皇はこの書簡が「キリスト教の祭儀がもつ真実の美しさに対する驚きを再び呼び覚まし、本来あるべき典礼的養成の必要性を思い起こさせ、そして、過越の神秘の真理と、洗礼を受けたすべての人がそれぞれの召命に従ってその真理に参加することに奉仕する祭儀の技法の重要性を認識する助け」（62）となることを望んでいます。本邦訳が、日本における教会にとっての、その一助を担うことができればと願っています。

訳出にあたっては、日本カトリック典礼委員会委員である宮内毅師（横浜教区司祭）に翻訳の労をとっていただきました。多忙な中での師のご尽力に、心より感謝申し上げます。なお、宮内師には英語版より訳出していただきましたが、校閲および訳文の確定にあたっては、適宜他の言語版も参照しています。

二〇二三年十一月

カトリック中央協議会出版部

使徒的書簡　わたしはせつに願っていた

2023 年 12 月 12 日 第 1 刷 発行　　日本カトリック司教協議会認可
2024 年 4 月 22 日 第 2 刷 発行

著　者　教皇フランシスコ
訳　者　宮 内　毅
発　行　カトリック中央協議会
〒135-8585 東京都江東区潮見 2-10-10 日本カトリック会館内
☎03-5632-4411(代表)、03-5632-4429(出版部)
https://www.cbcj.catholic.jp/

印 刷　大日本印刷株式会社

定価はカバーに表示してあります　　ISBN978-4-87750-247-8 C0016

乱丁本・落丁本は、弊協議会出版部あてにお送りください
弊協議会送料負担にてお取り替えいたします